70 Animals Draw, Sketch and Color

The Thinking Tree, LLC

TeachYourselfToDraw.org
Artistic Illustrations by:
Sarah J. Brown and Anna M. Brown

Contact Us:
The Thinking Tree LLC
617 N. Swope St. Greenfield, IN 46140. United States
317.622.8852 PHONE (Dial +1 outside of the USA) 267.712.7889 FAX
Email info@teachyourselftodraw.org

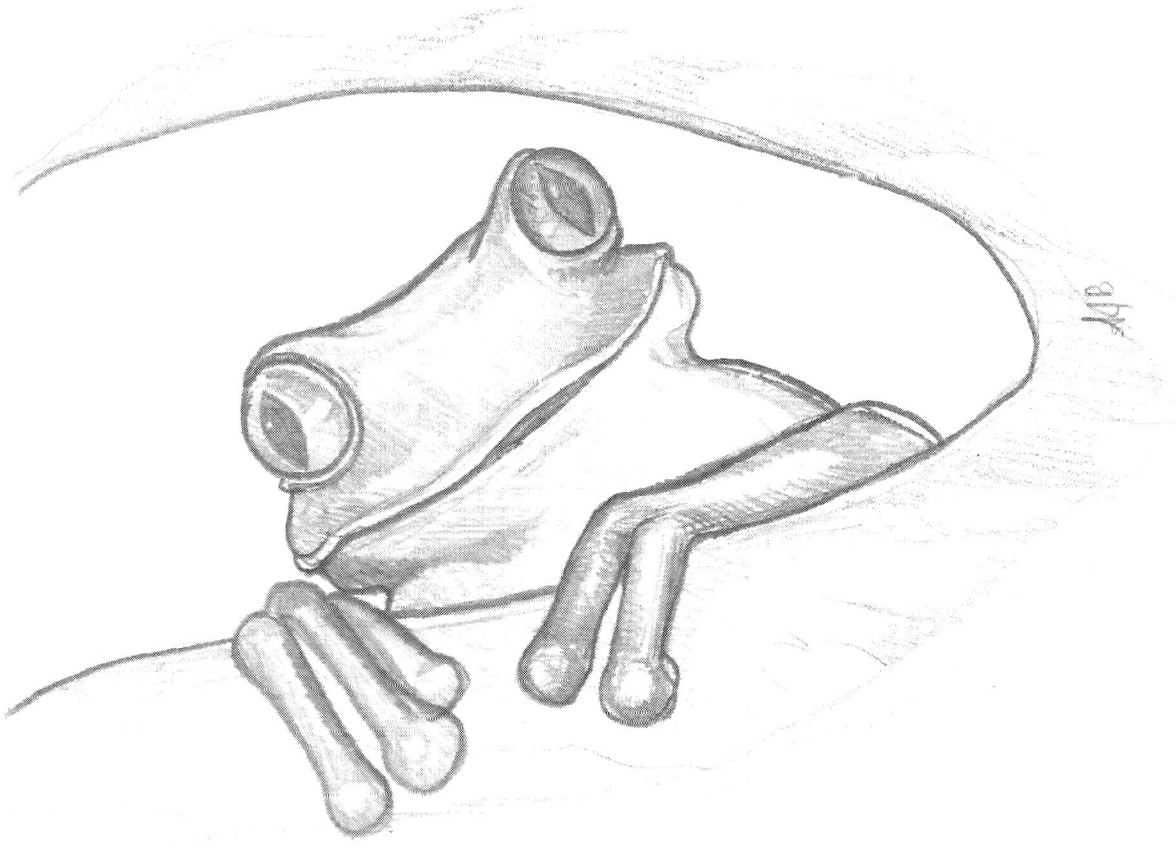

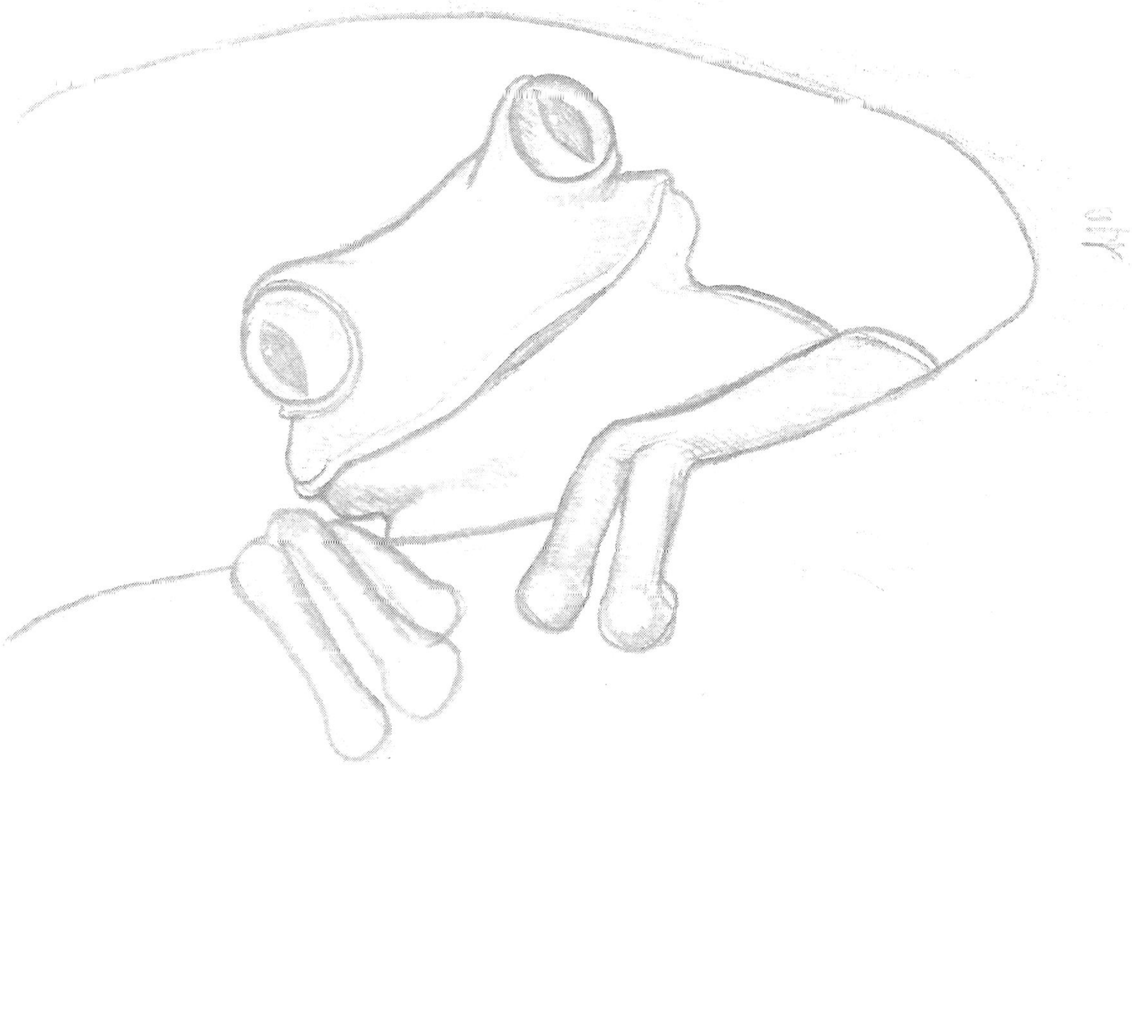

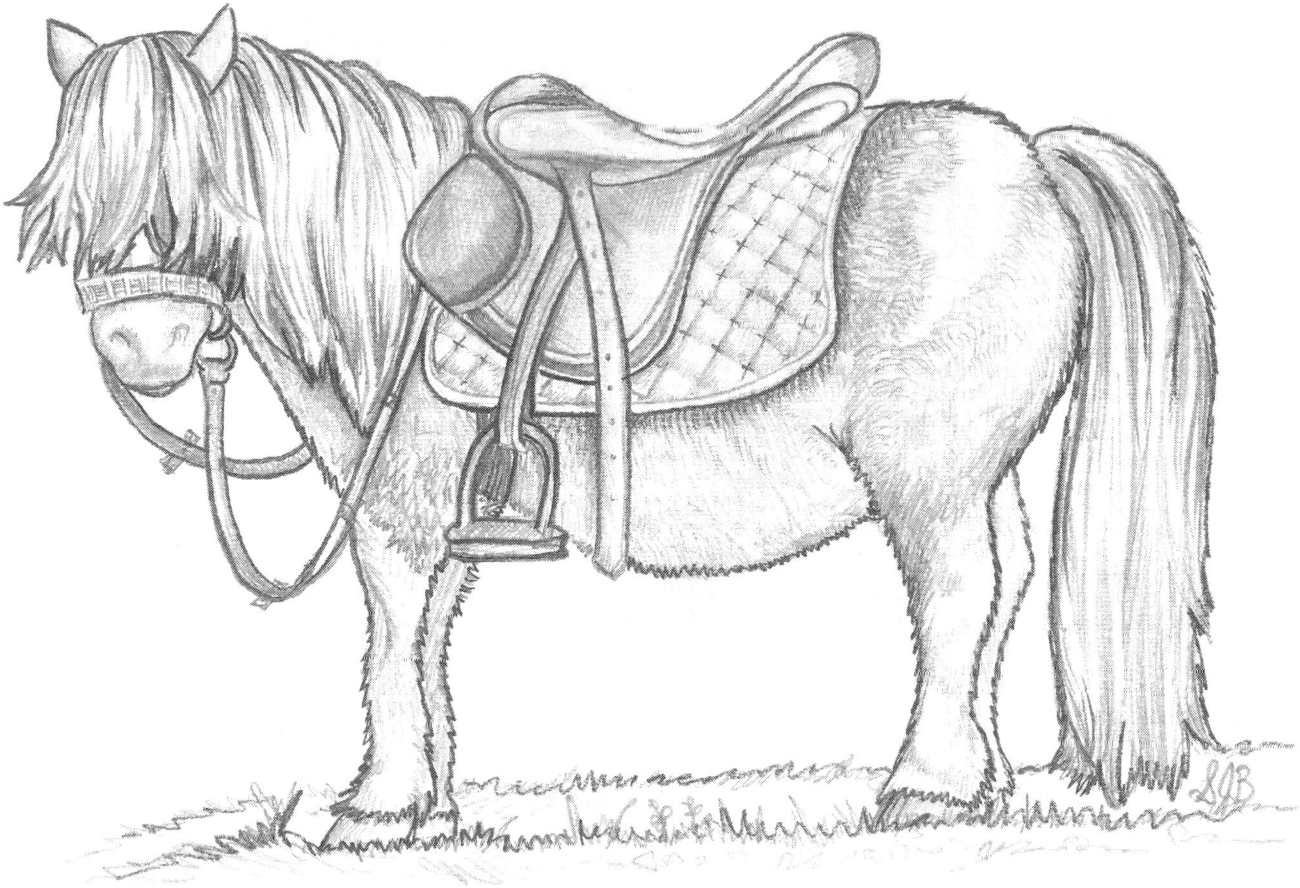

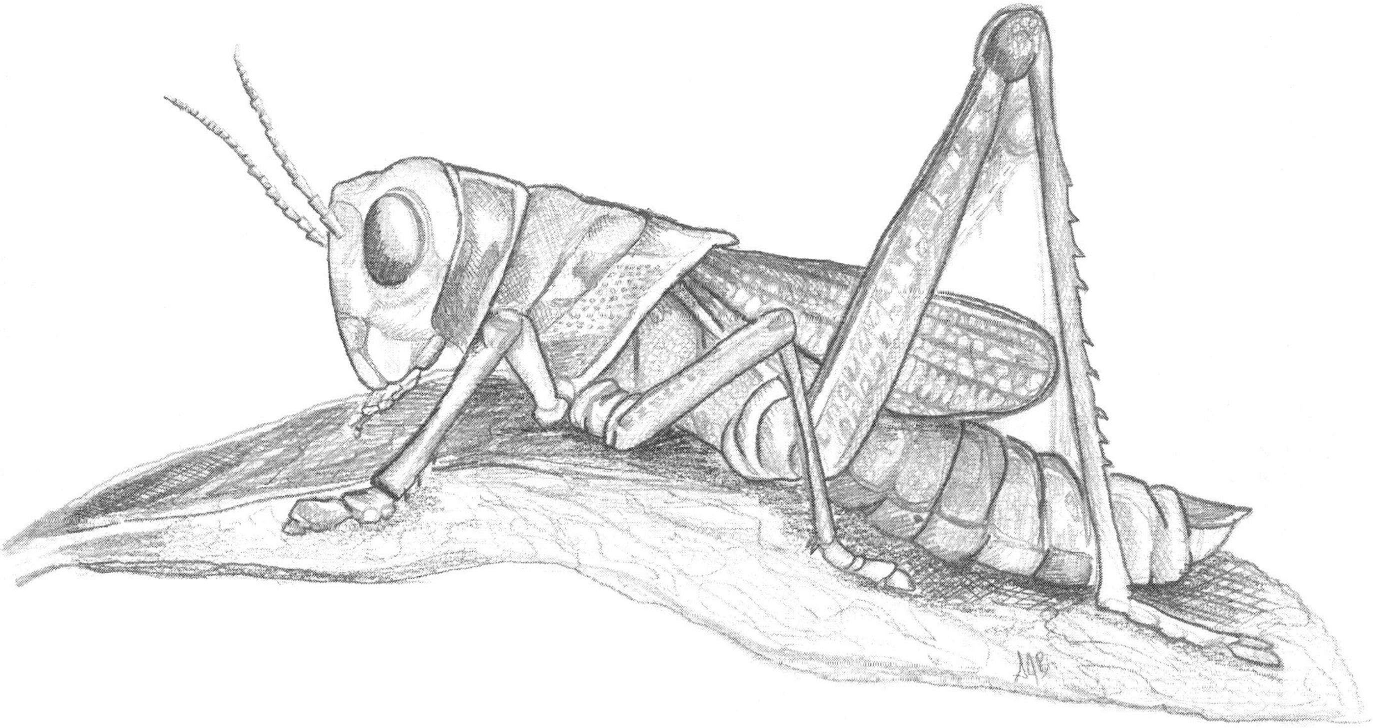

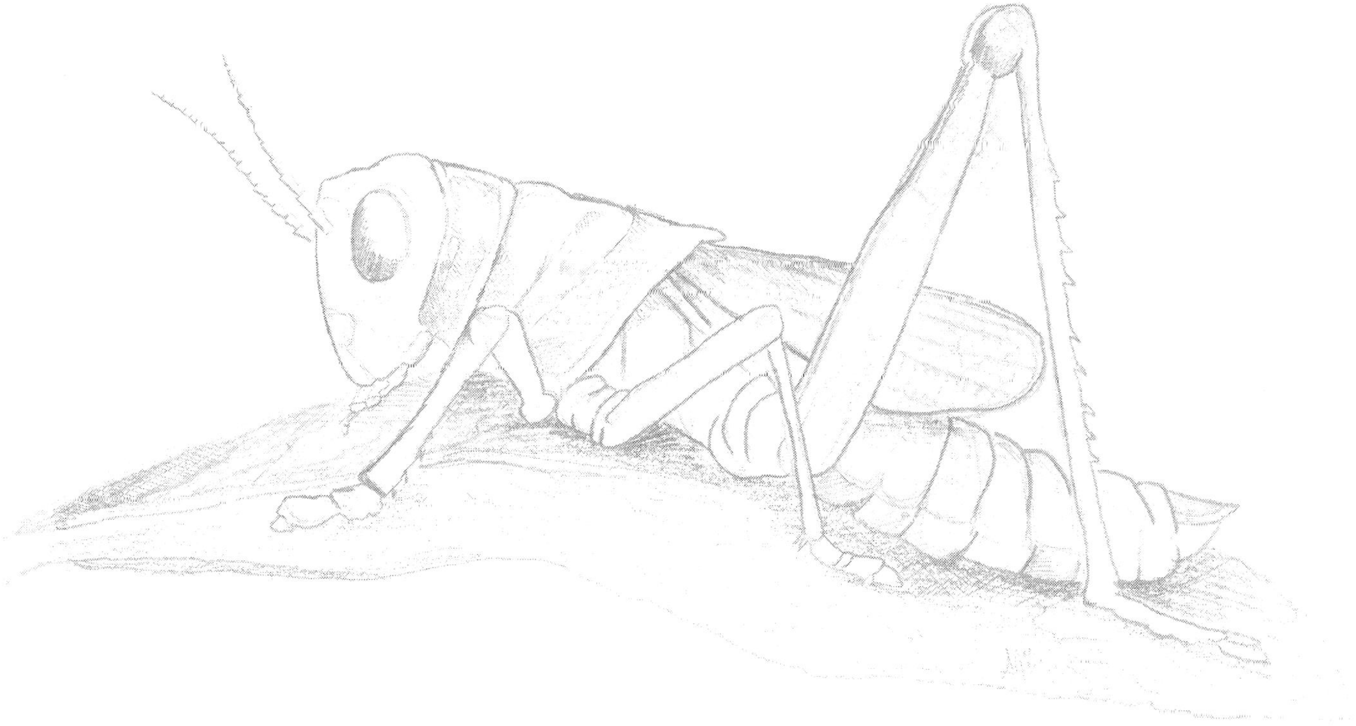

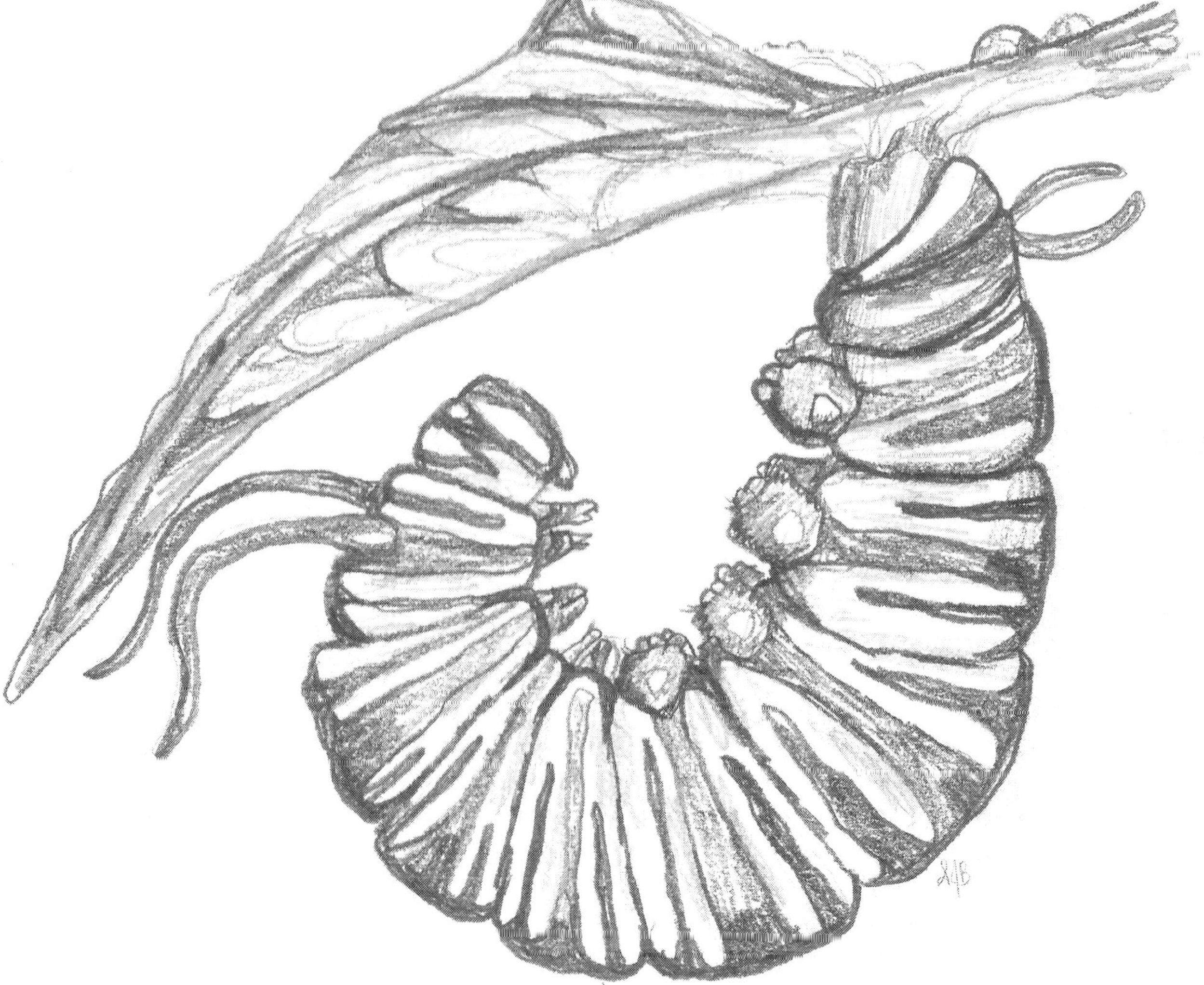

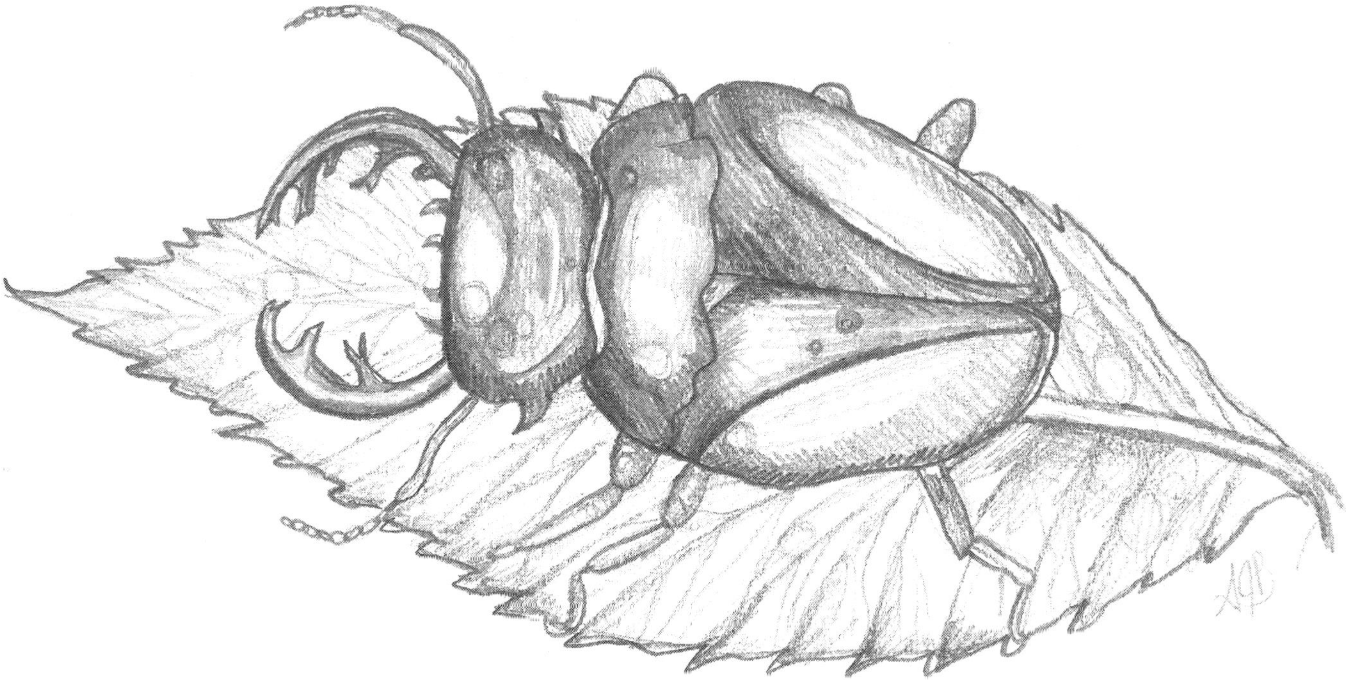

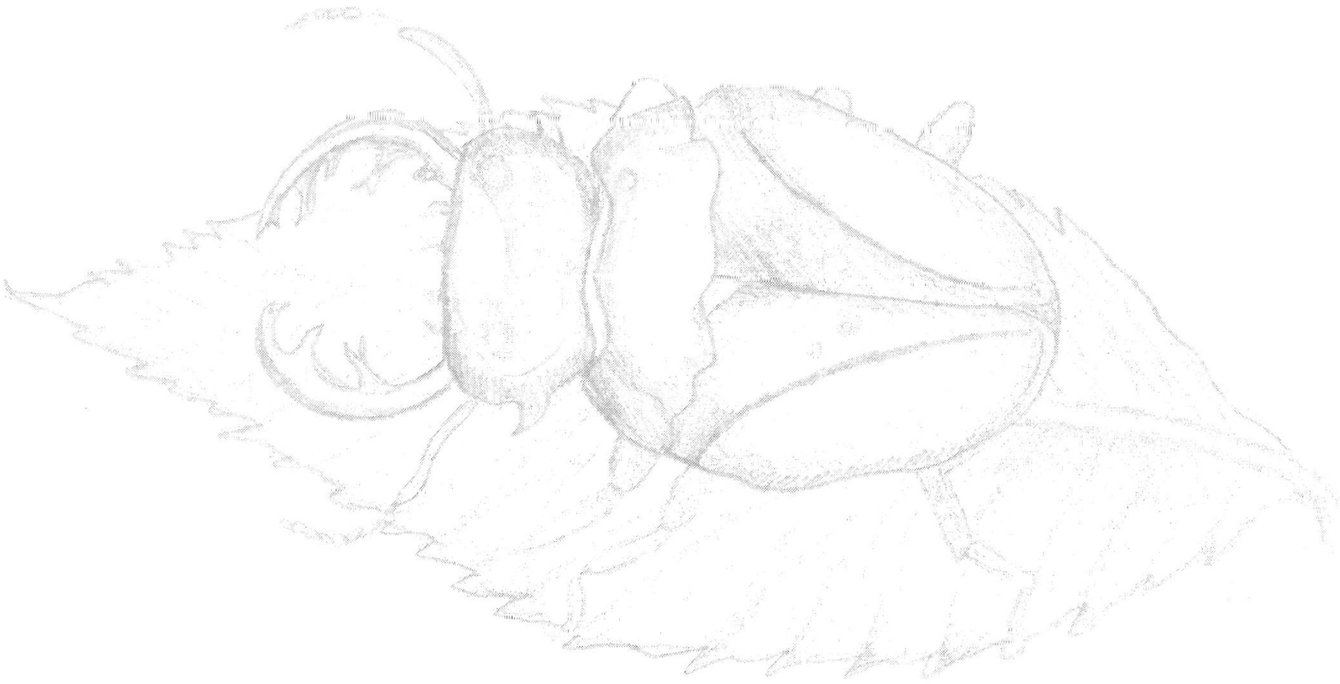

Made in the USA
Las Vegas, NV
22 August 2021

28646973R00085